BEI GRIN MACHT SICH IHR WISSEN BEZAHLT

- Wir veröffentlichen Ihre Hausarbeit, Bachelor- und Masterarbeit

- Ihr eigenes eBook und Buch - weltweit in allen wichtigen Shops

- Verdienen Sie an jedem Verkauf

Jetzt bei www.GRIN.com hochladen und kostenlos publizieren

Jan Schönherr

Unterrichtsstörungen reduzieren: EBB - Erziehen, Beraten, Betreuen

Kontingenzvertrag zur Verhaltensänderung - Anreiz-Verstärker-System

GRIN Verlag

Bibliografische Information der Deutschen Nationalbibliothek:

Die Deutsche Bibliothek verzeichnet diese Publikation in der Deutschen National-
bibliografie; detaillierte bibliografische Daten sind im Internet über http://dnb.d-
nb.de/ abrufbar.

Impressum:

Copyright © 2009 GRIN Verlag GmbH
Druck und Bindung: Books on Demand GmbH, Norderstedt Germany
ISBN: 978-3-656-09836-2

Dieses Buch bei GRIN:

http://www.grin.com/de/e-book/185039/unterrichtsstoerungen-reduzieren-ebb-
erziehen-beraten-betreuen

GRIN - Your knowledge has value

Der GRIN Verlag publiziert seit 1998 wissenschaftliche Arbeiten von Studenten, Hochschullehrern und anderen Akademikern als eBook und gedrucktes Buch. Die Verlagswebsite www.grin.com ist die ideale Plattform zur Veröffentlichung von Hausarbeiten, Abschlussarbeiten, wissenschaftlichen Aufsätzen, Dissertationen und Fachbüchern.

Besuchen Sie uns im Internet:

http://www.grin.com/

http://www.facebook.com/grincom

http://www.twitter.com/grin_com

Jan Schönherr (LiV)
Studienseminar XXX (GHRF)

XXX-Schule
XXX Gesamtschule
Strasse
PLZ   Ort

Hausarbeit im Pflichtmodul zum Kompetenzbereich EBB

Thema der Hausarbeit:

„Kann durch die Anwendung der theoriegestüzten Maßnahme Kontingenzvertrag in Verbindung mit dem „house of trouble" eine nachhaltige Reduzierung von Unterrichtsstörungen bei G. S. erzielt werden?"

Modulart: Pflichtmodul zum Kompetenzbereich Erziehen, Beraten, Betreuen
Modultitel: Grundlagen zu Erziehen, Beraten, Betreuen in Schule und Unterricht
Datum: 2009

Ausbilder/-innen: LLL und MMM

1 Einleitung

"Eine Unterrichtsstörung liegt dann vor, wenn der Unterricht gestört ist, d. h. wenn das Lehren und Lernen stockt, aufhört, pervertiert, unerträglich oder inhuman wird"[1]

In dieser Arbeit wird das Thema Unterrichtsstörungen behandelt. Die Zentrale Fragestellung heißt:

> *„Kann durch die Anwendung der theoriegestützten Maßnahme Kontingenzvertrag in Verbindung mit dem „house of trouble" eine nachhaltige Reduzierung von Unterrichtsstörungen bei XX erzielt werden?"*

Im ersten Abschnitt wird die Zusammensetzung der Lerngruppe erörtert. Im Fokus steht dabei das Sozialverhalten der Schüler unter besonderer Berücksichtigung des Verhaltens von **XX** Es wird untersucht, wer welche Rolle inne hat und wie die Schüler zueinander in Beziehung stehen. Des Weiteren wird analysiert, wie die Gruppe interagiert. Es werden die Bereiche herausgegriffen, die für die Untersuchung und Lösung der Kernfrage von Relevanz sind. Aufgrund des Umfangs der Arbeit kann der Autor keine vollständige und abschließende Analyse zur Gruppenkohäsion im sozialpsychologischen Sinne liefern. Im folgenden Teil werden Erziehungsziele formuliert und die daraus resultierenden konkreten Maßnahmen abgeleitet. Im Kapitel Maßnahmen werden zwei theoretische Ansätze vorgestellt, mit deren Hilfe eine Verhaltensänderung im positiven Sinne erzielt und Unterrichtsstörungen minimiert werden sollen. Anschließend wird aufgezeigt, in wie weit die Maßnahmen für die konkrete Umsetzung gewinnbringend implementiert werden können. Außerdem wird untersucht, welche Erziehungsmittel sich als zielführend erweisen. Abschließend werden das Ergebnis und die pädagogischen Entscheidungen kritisch hinterfragt, sowie die weitere Vorgehensweise erläutert. Außerdem werden Alternativen diskutiert, die zur Lösung der Problematik - Umgang Unterrichtsstörungen - ebenfalls in Betracht gekommen wären. *Ziel der vorliegenden Arbeit ist es*, auf Basis aktueller Literatur aus den Fachdisziplinen Pädagogik und Psychologie einen theoriegestützten Ansatz vorzustellen und diesen in der Praxis zu implementieren sowie dessen Ergebnisse zu dokumentieren und zu diskutieren. Sowohl die Monographie zum Thema Unterrichtsstörrungen von Winkel als auch von Nolting verfolgen einen modernen Ansatz zum Umgang mit Unterrichtsstörrungen. Anhand zahlreicher Beispiele aus der Praxis bieten sie Lösungshilfen für den Schulalltag. Dabei verfolgt Winkel das Ziel, förderliche Erkenntnisse aus unterschiedlichen pädagogischen Richtungen aufzugreifen. Da der Autor dieser Arbeit seit Beginn des Schuljahres unter Anleitung als Fachlehrer der Klasse 6c in Gesellschaftslehre fungiert, wurde ihm für das Projekt Freiraum eingeräumt.

---

[1] R. WINKEL, *Der gestörte Unterricht. Diagnostische und therapeutische Möglichkeiten*, Bastmannsweiler 2005, S. 29.

2 Bedingungsanalyse

2.1 Lernsituation

Gegenwärtig wird die XXX umgewandelt. Dieser Prozess wird noch knapp ein Jahr in Anspruch nehmen. Das Einzugsgebiet der Schule erstreckt sich über die gesamte Stadt XXX, wobei der überwiegende Teil der Schüler[3] aus dem Stadtteil XXX kommt. In diesem Gebiet ist die Sozialstruktur als problematisch zu bezeichnen. Annähernd XX Prozent der Schüler weisen einen Migrationshintergrund auf. Infolgedessen können Verständigungsprobleme sprachlicher Art auftreten.

2.2 Zusammensetzung der Lerngruppe

Um die Unterrichtstörungen und das Verhalten von **XX** konkret zu erörtern, ist es notwendig, auf die gesamte Lerngruppe einzugehen. Unterrichtsstörungen müssen immer im Gesamtkontext der Klasse und der Lernsituation betrachtet werden, da das konkrete Verhalten einzelner Schüler auch von der Gruppenkohäsion abhängt. Erst die Zusammensetzung der Gruppe lässt ein Entfalten, Veränderungen und das Einnehmen bestimmter Rollen zu. In Bezug auf **XX** wird dieser Umstand dadurch deutlich, dass er sein Verhalten und seine Rolle umgehend ändert, sobald er als pädagogische Maßnahme nach einer schweren Störung die Klasse verlassen muss und vorübergehend eine andere Klasse besucht. Besonders klar wird dies bei Klassen mit älteren Jahrgängen.

Die 6. Klasse der Schulform XXX unterrichtet der Autor seit Beginn des Schuljahres 2008/09 angeleitet für drei Wochenstunden im Fach Gesellschaftslehre. Sie setzt sich zusammen aus XX Schülern (XX w, XX m) im Alter von 12 und 13 Jahren. XX Schüler weisen einen Migrationshintergrund auf.

Das *Sozialverhalten* der Schüler ist sehr unterschiedlich ausgeprägt. Die meisten Schüler sind mit den Regeln eines konstruktiven und gesellschaftsfähigen Umgangs vertraut. Sie respektieren zunehmend die Wünsche und Interessen anderer und sind in der Lage, selbstbewusst zu handeln. Die Schüler übernehmen bereitwillig Dienste und engagieren sich in klassenübergreifenden Bereichen wie der Schülermitverantwortung. Selbst bei Aufgaben, die im Zusammenhang mit Gruppenarbeit zu lösen sind, respektieren sich die Schüler und arbeiten teamorientiert. Allerdings wird die Klasse auch von einer Gruppe vier männlicher Schüler besucht, deren *Sozialverhalten* als schwierig zu bezeichnen ist. **XX** (m), **YY** (m) und **ZZ** (m) neigen dazu, den *Unterricht zu stören* und nutzen sich ergebende Gelegenheiten, die Aufmerksamkeit der anderen Schüler auf sich zu ziehen. Auf Ermahnungen reagieren die drei

---

[3] Schüler, Lehrer etc. beinhalten in der Arbeit sowohl die maskuline, als auch die feminine Form.

Schüler konstruktiv und stellen das auffällige Verhalten meistens ein. **XX** (m) hingegen fällt durch schwere *Disziplinverstöße* auf. Der Schüler versucht sich trotz umfangreicher Maßnahmen, dem Zugang und der Hilfe von Erziehungspersonen zu verweigern. Im Folgenden wird die Art der Störungen von **XX** erläutert, damit im späteren Teil der Arbeit auf dieser Basis konkrete Handlungsalternativen mit dem Ziel zur Verhaltensänderung abgeleitet werden können. **XX** missversteht bewusst jede Arbeitsanweisung, obwohl er einen überdurchschnittlichen IQ aufweist. In Tests und Klassenarbeiten schreibt er überwiegend gute Noten. Des Weiteren stört er dadurch, dass er häufig „rein ruft" und seinen Nachbarn **AA** (m) von der Einzelarbeit abhält und ihn verbal und nonverbal, durch Ansprechen, Zwicken, und Berühren belästigt. Außerdem „mobbt" er auch andere Mitschüler wie **BB, CC und DD** und wird teilweise in den Pausen körperlich übergriffig. **XX** steht im Unterricht auf und versucht das Geschehen negativ zu beeinflussen, indem er Unruhe erzeugt.

XX (m) nimmt die typische Rolle des „Klassenclowns"[4] ein. **YY** (m) hingegen weist ein etwas größeres Aggressionspotential auf und stört in erster Linie nicht dadurch, dass er Witze macht, sondern mit renitenten, pubertären Äußerungen.

YY, **XX** und **ZZ** sind befreundet und verstärken ihr Verhalten und ihre Störungen häufig gegenseitig dadurch, dass sie sich dafür Anerkennung zusprechen. Des Öfteren reagieren die anderen Schüler dadurch, dass sie das Verhalten des Trios ignorieren oder aktiv unterbinden wollen. Bei **YY** und **XX** führt das häufig dazu, dass sie das Verhalten ändern. **XX** dagegen lässt sich von der Klasse nicht einschüchtern. Untersucht man die Klasse im Hinblick auf Schüler, die eine *Außenseiterrolle* einnehmen, so lässt sich festhalten, dass **FF** (f) und **GG** (m) teilweise ausgegrenzt werden. Das zeigt sich zum Beispiel daran, dass sie bei Partneraufgaben keinen Mitschüler finden, der die Aufgabe mit ihnen bearbeitet.

Auf eine Analyse zur *Einstellung zum Gesellschaftlehreunterricht und zum Arbeitsverhalten* der Klasse wird verzichtet, da es dem Autor zur Lösung der Fragestellung nicht als zielführend erscheint. Es wird jedoch betont, dass sowohl die Einstellung zum Fach, als auch das Arbeitsverhalten überwiegend als gut bezeichnet werden kann. Die Ursache der Störungen ist meiner Einschätzung nach nicht darin zu sehen.

3 Erziehungsziel

Die im späteren Abschnitt diskutierten Maßnahmen zielen darauf ab, Erziehungsziele zu erreichen und den Schüler in verschiedenen Bereichen zu sensibilisieren. **XX** soll

„lernen (...) zu kooperieren, einen Beitrag für die Gruppe zu leisten und sich solidarisch

---

[4] Der Autor distanziert sich von Stigmatisierungen, dennoch beschreibt diese Rolle das Verhalten des Schülers präzise.

zu verhalten[,] lernen verständnisvoll [mit anderen] umzugehen, auf den Mitschüler zu achten, ihn zu tolerieren (...) und Verantwortung zu übernehmen[,] lernen, soziale Konflikte in ihren konstruktiven und destruktiven Auswirkungen zu erkennen und diese mit angemessenen Mitteln auszutragen[,] ein positives Selbstkonzept entwickeln, sich selbst zu erfahren, die eigenen Gefühle und Bedürfnisse akzeptieren, Stärken und Schwächen erkennen, um sich zunehmend realistischer einschätzen zu können".[5]

Geißler sieht in der Eigenschaft Verantwortung zu übernehmen das höchste Erziehungsziel.[6] Das Übernehmen von Selbstverantwortung, also Verantwortung für das eigene Handeln durch **XX** ist die fundamentale Voraussetzung für die Reduktion der durch ihn verursachten Unterrichtsstörungen. Mir ist bewusst, dass die Ziele nach Becker und Geißler sehr breit formuliert wurden und noch nicht operationalisiert sind. Sie weisen so den Charakter von Leitlinien auf, die es im Folgenden weiter auszudifferenzieren gilt.

4 Maßnahmen

Der Handlungsrahmen zum Einwirken auf **XX** ist aus Gründen der eingeschränkten Professionalität der Lehrkraft begrenzt, die als Allrounder über Fachwissen, didaktische, methodische Kompetenz, Empathie, Grundzüge der pädagogischen Psychologie und weitere Eigenschaft verfügen muss. Obwohl der Lehrer als ganzer Mensch gefordert ist, kann er nur bei Maßnahmen ansetzen, die im pädagogischen Sinne sind. Psychoanalytische, verhaltenstherapeutische, gruppentherapeutische sowie pharmakologische Handlungsalternativen kann der Lehrer nicht leisten.[7] Deshalb wird im Folgenden mit pädagogischen Maßnahmen auf das Verhalten von **XX** eingewirkt und diese werden diskutiert. Allerdings ist es durchaus denkbar, in einem zweiten Schritt professionelle Hilfe zu Rate zu ziehen. Dies wäre dadurch möglich, einen Schulpsychologen zu Rate zu ziehen oder einen Förderplan erstellen zu lassen.

Hilbert Meyer führt als ein wesentliches Merkmal für guten Unterricht das „Lernförderliche Klima" an. Unter lernförderlichem Klima versteht Meyer unter Anderem das Gegenüberbringen von gegenseitigem Respekt, das verlässliche Einhalten von Regeln, das Übernehmen von Verantwortung und die Fürsorge der Lehrkraft für die Schüler und deren Beziehungen untereinander.[8] Die Konsequenz zu Handeln, um das Lernklima förderlich zu beeinflussen und eine nachhaltige Verhaltensänderung zu erzielen liegt nahe. Um diesen Sachverhalt abzusichern verweist der Autor auf die gesetzlichen Vorgaben des Erziehungs-

---

[5] G. BECKER, *Durchführung von Unterricht. Handlungsorientierte Didaktik Teil II*, Weinheim und Basel 1998.
[6] Vgl., E. GEIßLER, *Erziehungsmittel*, Bad Heilbrunn 1973, S. 18.
[7] Vgl., WINKEL, a. a. O., S. 29.
[8] Vgl., H., MEYER, *Was ist guter Unterricht?*, Berlin 2004, S. 47.

und Bildungsauftrags der Schule. Achtung, Toleranz, Gerechtigkeit und Solidarität gelten als Grundfesten im hessischen Schulgesetz.[9] Was bedeutet dieser Sachverhalt auf Gesetzesebene im pädagogischen Sinne und wie lassen sich Maßnahmen konkretisieren?

Es soll das Spektrum pädagogischer Maßnahmen, die im hessischen Schulgesetz geregelt sind, zur Hilfe genommen werden, um aus einem passenden und vollen Handlungs-Mix zu schöpfen. Von Ordnungsmaßnahmen, die bei erheblichen und schweren Störungen des Schul- und Unterrichtsbetriebes zum Tragen kommen, soll in der ersten Phase Abstand genommen werden. Im Übrigen übersteigt das Anwenden von Ordnungsmaßnahmen die alleinige Handlungskompetenz des Autors, da diese Maßnahmen je nach Art von höheren Instanzen, wie der Stufenleitung, einem Mitglied der Schulleitung, dem Schulleiter oder dem Schulamt abgesegnet werden müssen.[10] Außerdem sieht der Erziehungsauftrag grundsätzlich vor, vor allem pädagogische Maßnahmen anzuwenden.[11]

Als kurzfristige Maßnahmen bieten sich angelehnt an die pädagogischen Maßnahmen folgende Handlungsalternativen an: Gespräche zur Verhaltensänderung, Ermahnungen, Gespräche mit den Eltern, formlose mündliche oder schriftliche Missbilligung, Gegenstände zeitweise wegnehmen, Arbeiten zuweisen, die dem Schüler das Fehlverhalten erkennen lassen. Geißler definiert Erziehungsmittel als „Maßnahmen und Situationen mit deren Hilfe Erziehende auf Heranwachsende einwirken, mit der Absicht deren Verhalten, Einstellungen oder Motive zu bilden, zu festigen oder zu verändern."[12] Die Bandbreite der Erziehungsmittel, die dem Autor zur Verfügung stehen, ist sehr umfangreich. Dazu gehören Belohnung, Ermahnung, Lob, Vertrauensbeweis, Erinnerung und Tadel und die oben genannten Maßnahmen.

Um die Maßnahmen weiter einzugrenzen und zu konkretisieren sowie zusätzliche Handlungsalternativen zu finden, wird im Folgenden geprüft, zu welchen Maßnahmen und zu welcher Vorgehensweise Winkel und Nolting raten, welche Möglichkeiten sich aus der pädagogischen Psychologie ableiten und welche praxisbasierenden Anteile aus der Unterrichtshospitation zur Verhaltensänderung und Erstellung eines Maßnahmenkatalogs zu Rate gezogen werden können.

Der Maßnahmenkatalog zielt darauf ab, das *Rein rufen, Mobben, ständige Ansprechen, Ablenken und Antippen des Nachbarn* durch das Aufstellen und Einführen gemeinsamer Regeln zu unterbinden. Nolting betont, „dass es wichtig ist, Regeln nicht nur aufzustellen, sondern auch klarzustellen und diese in Gesprächen [und] (...) Einzelgesprächen miteinander

---

[9] Vgl., HSchG §2.
[10] Vgl., HSchG §82.
[11] Vgl., HSchG §82.
[12] Vgl., GEIßLER, a. a. O., S. 18.

abzustimmen."[13] Des Weiteren schlägt Nolting vor, Anreize für die Klasse zu schaffen, damit sie und die einzelnen Schüler diese Regeln einhalten. Darüber hinaus wird der Einsatz einer erfahrungsbasierten Maßnahme geprüft, die der Autor in einer Unterrichtshospitation kennen gelernt hat. Eine Kollegin zeichnet am Anfang der Stunde ein Haus an die Tafel, in welches sie die Namen der Schüler hineinschreibt, die im Unterricht dadurch stören, dass sie verhaltensauffällig, disziplinlos oder besonders unaufmerksam sind. Die Schüler werden bei erneutem Stören eingekreist und bekommen eine Extraaufgabe. Diese Methode wird der Autor aufgreifen und anwenden. Darüber wird er die Methode dahingehend weiterentwickeln, dass der betreffende Schüler eingekastelt wird und eine größere Sanktion, wie Nachsitzen daraus resultiert verbunden mit dem umgehenden Verweis in den Trainingsraum, um den Katalog auszudifferenzieren. Als weitere Maßnahme soll auf die Methode des Kontingenzmanagements zurückgegriffen werden. „Der Einsatz der operanten Konditionierung zur Entwicklung erwünschten Verhaltens ist einfach: Es geht darum, den Verstärker zu finden, der eine gewünschte Reaktion aufrechterhalten wird, diesen Verstärker kontingent mit der Reaktion einzusetzen und seine Wirksamkeit zu bewerten."[14] Als Strategie der positiven Verstärkung schlägt der Autor vor, das Prinzip der Gutschein-Verstärkungssysteme (token economies) einzusetzen. Der Schüler erhält „(…) greifbare Belohnungen für konstruktive soziale Aktivitäten (…)".[15] Zimbardo betont, dass bereits umfangreiche empirische Forschungsergebnisse vorliegen, die die Anwendung dieser Variante als besonders Effizient belegen.[16] Als Kritik wird dieser Methode von Verhaltenstherapeuten entgegengebracht, dass das Prinzip der Gutschein-Verstärkungssysteme nur dann funktioniert, wenn der Lernende keine Möglichkeit hat, auf andere Art und Weise die Belohnung zu erlangen.

Außerdem zielt der Maßnahmenkatalog darauf ab, nicht nur kurzfristig den Unterrichtsfluss wieder sicherzustellen, sondern das Verhalten durch Verständnis und die Einsicht des Schülers nachhaltig zu verändern. Es sollen Störungen wie, *körperliche Übergriffe und schweres Mobbing* reduziert oder wenn möglich ganz abgestellt werden. Winkel hebt hervor, dass das Beheben gestörter Unterrichtsprozesse „vor allem Geduld und eine lange Perspektive [erfordern]".[17]

---

[13] H.,-P., NOLTING, *Störungen in der Schulklasse*, Weinheim und Basel 2002, S. 82.
[14] P., G., ZIMBARDO. *Psychologie*, Heidelberg 1992, S. 547.
[15] Vgl., ZIMBARDO, a.a.O., S. 547.
[16] Vgl. Ebd., S. 547.
[17] Vgl., WINKEL, a. a. O., S. 12ff.

5   Umsetzung

Becker betont, dass „Gespräche mit einzelnen Schülern (...) im Schulalltag immer wieder wünschenswert [wären], doch leider zu selten [stattfinden].“[18] Im Einzelgespräch werden dem Schüler Regeln der Schule erläutert, Regeln mit ihm vereinbart und das Verhalten sowie die Auffälligkeiten des Schülers besprochen. Konkret bedeutet das, dass mit **XX** vereinbart wird, dass er nicht dazwischenruft und ihm die Methode des Meldens und dessen Notwendigkeit verdeutlicht wird. Darüber hinaus wird mit ihm vereinbart, dass er seinen Nachbarn nicht mehr stört und die Methode des House of Trouble und die Folgen bei Verstößen erläutert.

Das Kontingenzmanagement in Form der Anwendung von Gutschein-Verstärkungssystemen wird hiermit gekoppelt eingesetzt. Gelingt es **XX** in der Stunde nicht öfter als ein Mal im „house of trouble“ notiert zu werden, bekommt er von mir unmittelbar nach der Stunde einen Gutschein. Als besonders zielführend hat es sich erwiesen, wenn die zu konditionierende Person den Gutschein unmittelbar bekommt, hat sich herausgestellt, dass viele kleine Schritte zur nachhaltigen Verhaltensänderung geeigneter sind als wenige Große.[19] Das Projekt wird mit seiner Mutter abgestimmt und erfolgt in enger Zusammenarbeit – Bereitschaft wurde bereits signalisiert. Folgendes Modell wurde als Maßnahme zur Belohnung umgesetzt. **XX** spielt sehr gerne Computer. Er darf immer und nur noch dann eine halbe Stunde pro Tag Computer spielen, wenn er in GL einen Gutschein erhält.[20] Der Autor handelt dabei mit **XX** in beiderseitigem Einvernehmen einen schriftlichen Vertrag aus. Da **XX** aufgrund von Problemen im Elternhaus bereits Computerverbot hat, gehe ich von einer hohen Wahrscheinlichkeit zur Bereitschaft der Vertragsunterzeichnung und Einsicht aus. Auch wenn die Belohnung auf der Basis eines Entzugs basiert, halte ich die Maßnahme für geeignet. An dieser Stelle wird noch ein Mal Bezug auf die im Kapitel Maßnahmen bereits angesprochenen Aspekte von Kritikeren eingegangen. Gutschein-Verstärkungssysteme funktionieren nur dann, wenn der Lernende keine andere Möglichkeit hat, die Belohnung zu bekommen. Deshalb wurde mit der Mutter des Schülers die Vorgehensweise in enger Abstimmung in Hinblick auf das Computerspielen erarbeitet. Der Zeitraum der Durchführungsphase erstreckt sich über vier Wochen.

---

[18] Ebd., S. 222.

[19] Vgl., Gliederunghttp://www.ruhr-uni-bochum.de/biopsyseminare/data/studentenprojekte/seminar-lernen_ws0102/VerhALTENSMODIFIKATION_2611/Dok1.htm. [Zugriff 10.11.2008].

[20] Der Autor steht dem Einsatz des Belohnungsinstruments skeptisch gegenüber, vor allem vor dem Hintergrund der mangelnden Kontrolle bei der Auswahl der Spiele. Allerdings hat der Schüler vor dem Projekt ohnehin Computerspiele gespielt und vom zeitlichen Umfang häufiger. Die Auswahl der Spiele wurde mit der Mutter besprochen.

6 Reflexion

„Konnten durch die Anwendung der theoriegestützten Maßnahme Kontingenzvertrag und des „house of trouble" eine nachhaltige Verhaltensänderung zur Reduzierung von Unterrichtsstörungen bei **XX** erzielt werden?"

Sowohl das „house of trouble" als auch der Einsatz des Kontingenzvertrags und deren Koppelung führten überwiegend zu den gewünschten Ergebnissen. Als positiver Nebeneffekt lässt sich festhalten, dass auch die Klasse insgesamt ruhiger und störungsfreier dem Unterrichtsgeschehen Folge leistete und die Methode von Beginn an und mit wachsender Akzeptanz angenommen wurde. Eine klare Linie, die konsequente Umsetzung und das Aufstellen von Regeln gaben und geben der Klasse Orientierung und Konstanz. Auffallend ist nach wie vor, dass **XX** nervös ist und sich sehr bemühen muss, nicht aus der Reihe zu fallen. Er prüft die Grenzen und wird aufgrund von einer Disziplinschwierigkeit, die er annähernd in jeder Stunde begeht, in das „house of trouble" geschrieben – die einmalige Störung wird nicht sanktioniert. Zu Beginn der Einführung der beiden Methoden waren sowohl das Ausmaß der Störung, als auch die Häufigkeit deutlich höher als im weiteren Verlauf.[21] Es ist auffallend, dass die Störungen nicht kontinuierlich abnahmen, sondern an manchen Tagen unregelmäßig aber stetig seltener wieder auftauchten. Der Autor führte dann unmittelbar nach den Unterrichtseinheiten, in denen mehr als eine Störung vorfiel Einzelgespräche, um den Schüler an den Vertrag zu erinnern.

Nach Rücksprache mit anderen Lehrern führte die in meinem Unterricht angewandte Methode bei ihnen zu keiner oder nur zu einer geringen Verhaltensänderung. Dieser Umstand zeigt mir, dass die Methode erfolgreich ist, obwohl sie nicht geeignet ist, um nachhaltig bei den Ursachen anzusetzen und die Neurosen zu bewältigen. Für einen Lehrer ist es wie bereits erwähnt alleine nicht möglich, tiefenpsychologisch-fundierte, verhaltenstherapeutische Maßnahmen zu leisten. Dies könnte nur in Zusammenarbeit mit einem Experten – z. B. Schulpsychologen – erfolgen.

Welche alternativen Lösungsansätze und Methoden hätten noch zur Anwendung kommen können?

Winkel schlägt eine Methode vor, indem er zunächst mit einem sehr ausdifferenzierten Diagnosebogen „(…) die jeweilige Unterrichtsstörung differential-diagnostisch abgrenzt"[22] und die Ursachen für diese verortet, um dann mit Hilfe eines umfangreichen Therapiebogens Maßnahmen durchzuführen, die zur Verhaltensänderung führen.[23] Des Weiteren könnten Methoden wie Konzentrationsübungen für eine Verhaltensänderung zur Reduzierung von

---

[21] Vgl. Abbildung 1: im Anhang.
[22] WINKEL, a., a., O, S. 96.
[23] Ebd., S. 96.

Unterrichtsstörrungen hilfreich sein. Zur *Entspannung* schlägt Winkel Phantasierreisen, das Hören von Entspannungsmusik, das Betrachten von Bewegungen, das kurzzeitige Fixieren von Sanduhren sowie psychovegetative Übungen vor. Atemübungen, Muskelrelaxation nach Jacobsen, Autogenes Training sind dazu geeignet beruhigend auf das Verhalten und das Fühlen der Schüler einzuwirken. Im Gegensatz dazu schlägt Winkel zur *Aggressions- und Stressreduzierung* vor Aggressionskissen, Fäuste-Ballen und soziale Rollen- und Handlungsspiele anzuwenden und durchzuführen.[24]

Nolting dagegen schlägt zur Störungsprävention und -intervention breite Aktivierung – das Ansprechen im Unterricht möglichst aller Schüler -, einen guten Unterrichtsfluss, das Unterlassen eigener Störungen, das Definieren klarer Regeln sowie das Anwenden von Stoppsignalen, das Einnehmen eines Perspektivwechsels und das Durchführen von Einzelgesprächen vor.[25]

Ich komme damit zum Ausblick und erörtere die weitere Vorgehensweise. Für den Unterricht der Gesellschaftslehre werde ich die Methode weiterhin fortführen, da sie sich als hilfreich und zielführend erwiesen hat. Sehr gespannt bin ich auf das Verhalten nach einer längeren Pause wie den anstehenden Weihnachtsferien. Es wirft sich die Frage auf, ob eine längere Phase ohne Konditionierung einen Rückschritt in der Arbeit bedeutet. Darüber hinaus soll eine Lösung gefunden werden, wie es auch in anderem Unterricht gelingen kann, das Schülerverhalten zu verbessern. An dieser Stelle setzt bereits die Klassenlehrerin ein. Sie prüft derzeit in Klassenkonferenzen mit den Kollegen, ob und inwiefern das Verfahren auch in ihrem Unterricht eingesetzt werden soll. Die Methode ist aufwendig und *einem* Schüler kommt ein erhöhtes Maß an Aufmerksamkeit und Verwaltungsaufwand, wie projektbedingtem Koordinationsbedarf – unter anderem mit der Mutter zugute. Können auch Lehrer, die einer Regelstelle haben und allen Schülern klassenübergreifend gerecht werden wollen, diese Methode anwenden und den Zeitbedarf für alle störenden Schülern aufbringen, ohne die verhaltensunauffälligen Schüler zu vernachlässigen?

Für mich hat sich herausgestellt, dass diese Methode ein hervorragendes Instrument zur Verhaltensänderung ist und dazu geeignet ist, Unterrichtsstörungen deutlich zu reduzieren. Dennoch ist es wichtig, auch kleinere Erfolge anzuerkennen, denn „die Rettung der Welt ist nicht möglich" und von verklärenden-idealisierenden Vorstellungen möchte sich der Autor abgrenzen. Ein hohes Engagement und die Übernahme von Verantwortung sind die Grundvoraussetzungen für diesen Beruf.

---

[24] Ebd., S. 164.
[25] Vgl., NOLTING, a. a. O., S. 27ff.

7   Literaturverzeichnis

Monographien

BECKER, Georg, *Durchführung von Unterricht. Handlungsorientierte Didaktik Teil II*, Weinheim und Basel 1998.

GEIßLER, Erich, *Erziehungsmittel*, Bad Heilbrunn 1973.

MEYER, Hilbert, *Was ist guter Unterricht?*, Berlin 2004.

NOLTING, Hans-Peter, *Störungen in der Schulklasse*, Weinheim und Basel 2002.

WINKEL, Rainer, *Der gestörte Unterricht. Diagnostische und therapeutische Möglichkeiten,* Bastmannsweiler 2005.

ZIMBARDO, Philip, *Psychologie*, Heidelberg 1992.

Internetquellen

http:// Gliederunghttp://www.ruhr-uni

bochum.de/biopsyseminare/data/studentenprojekte/seminarlernen_ws0102/VerhALTENS MODIFIKATION_2611/Dok1.htm. [Zugriff 10.11.2008].

Gesetze

Hessisches Schulgesetz § 2.

Hessisches Schulgesetz § 82.

Anhang 1: Kontingenzvertrag

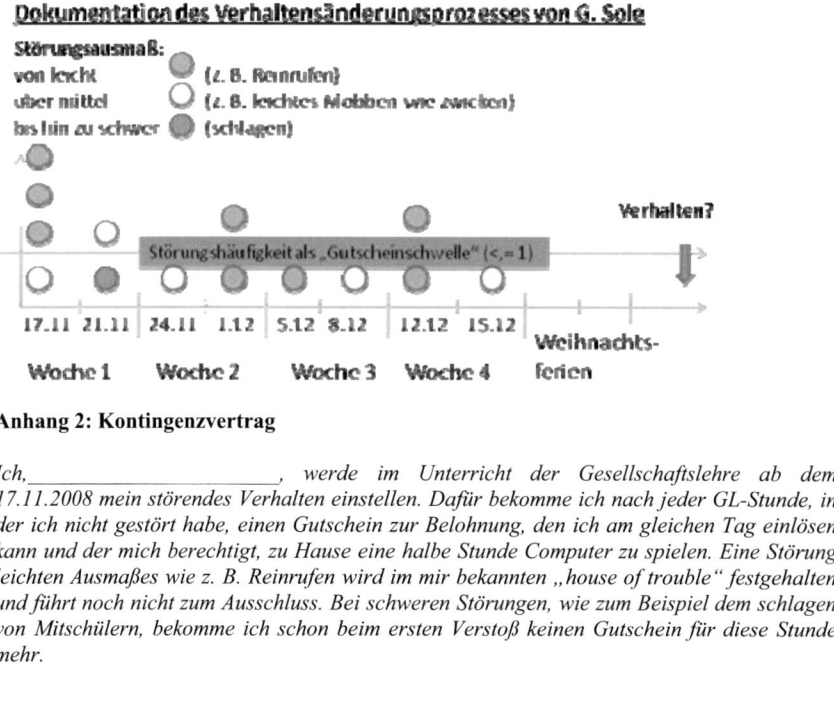

Dokumentation des Verhaltensänderungsprozesses von G. Sole

Störungsausmaß:
von leicht ⚪ (z. B. Reinrufen)
über mittel ⚪ (z. B. leichtes Mobben wie zwicken)
bis hin zu schwer ⚫ (schlagen)

Verhalten?

Störungshäufigkeit als „Gutscheinschwelle" (<, = 1)

17.11 21.11 | 24.11 1.12 | 5.12 8.12 | 12.12 15.12
Woche 1   Woche 2   Woche 3   Woche 4   Weihnachtsferien

Anhang 2: Kontingenzvertrag

Ich, _____, werde im Unterricht der Gesellschaftslehre ab dem 17.11.2008 mein störendes Verhalten einstellen. Dafür bekomme ich nach jeder GL-Stunde, in der ich nicht gestört habe, einen Gutschein zur Belohnung, den ich am gleichen Tag einlösen kann und der mich berechtigt, zu Hause eine halbe Stunde Computer zu spielen. Eine Störung leichten Ausmaßes wie z. B. Reinrufen wird im mir bekannten „house of trouble" festgehalten und führt noch nicht zum Ausschluss. Bei schweren Störungen, wie zum Beispiel dem schlagen von Mitschülern, bekomme ich schon beim ersten Verstoß keinen Gutschein für diese Stunde mehr.

_____
Unterschrift und Datum (XX)

_____
Unterschrift und Datum (Herr Schönherr)